Contraste insuffisant
NF Z 43-120-14

Illisibilité partielle

Valable pour tout ou partie
du document reproduit

Original en couleur

NF Z 43-120-8

UN

ANTI GRAND-MAITRE

DE L'ORDRE

DE SAINT-JEAN DE JÉRUSALEM

ARBITRE DE LA PAIX CONCLUE
ENTRE JEAN GALÉAS VISCONTI ET LA RÉPUBLIQUE DE FLORENCE

(1391-1392)

PAR

J. DELAVILLE LE ROULX

Archiviste paléographe, membre de l'École française de Rome.

PARIS

1879

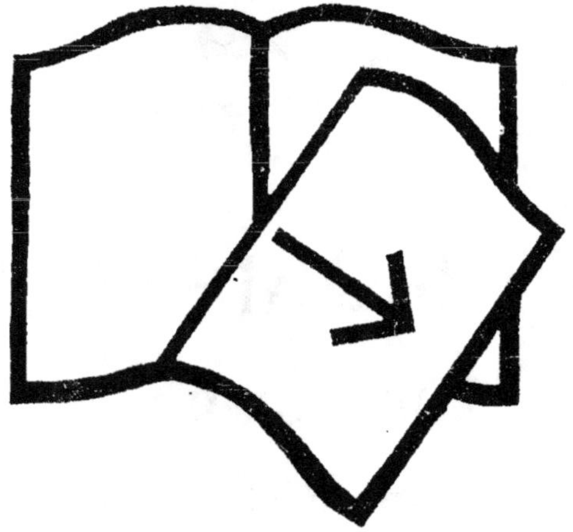

Couverture inférieure manquante

UN

ANTI GRAND-MAITRE

DE L'ORDRE

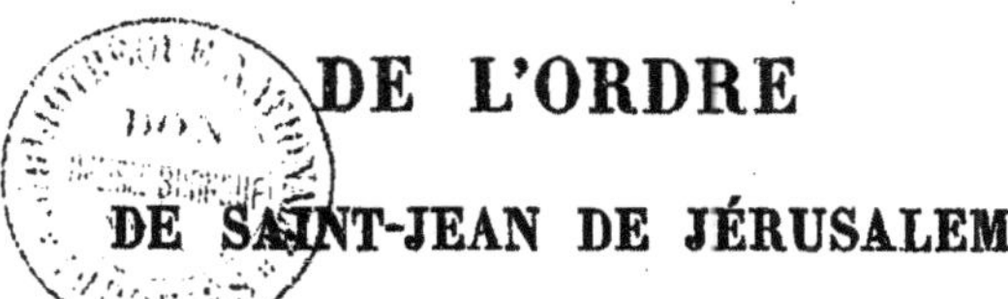

DE SAINT-JEAN DE JÉRUSALEM

ARBITRE DE LA PAIX CONCLUE

ENTRE JEAN GALÉAS VISCONTI ET LA RÉPUBLIQUE DE FLORENCE

(1391-1392)

PAR

J. DELAVILLE LE ROULX

Archiviste paléographe, membre de l'École française de Rome.

PARIS

1879

UN ANTI GRAND-MAITRE

L'ORDRE DE SAINT-JEAN DE JÉRUSALEM

ARBITRE DE LA PAIX CONCLUE

ENTRE JEAN GALÉAS VISCONTI ET LA RÉPUBLIQUE DE FLORENCE

(1391-1392).

Parmi les grands-maîtres de l'ordre de Saint-Jean de Jérusalem, il en est un, Richard Caracciolo (1383-95), dont l'existence est peu connue, et dont il est intéressant, en raison même des circonstances dans lesquelles il fut promu au magistère, d'étudier la vie et les actes. Il fut considéré par l'ordre de Rhodes comme un usurpateur, comme un *anti grand-maître*, et il n'y eut qu'une fraction peu nombreuse des chevaliers pour le reconnaître. C'est dire qu'il n'exerça aucune autorité dans le gouvernement de l'ordre, c'est expliquer aussi l'oubli dans lequel il est resté.

Le grand schisme, en divisant l'Europe et en la forçant à prendre parti pour le pape d'Avignon ou pour celui de Rome, fit naître au sein de l'ordre de Saint-Jean de Jérusalem une scission entre les chevaliers anglais, italiens et allemands restés fidèles à Urbain VI, et la majorité de l'ordre qui, avec le grand-maître Heredia, s'était prononcée pour Clément VII[1]. C'est dans ces

1. Juan Ferrandez de Heredia, grand-maître de l'ordre de Saint-Jean de Jérusalem (1377-1396). Entré de bonne heure dans l'ordre, conseiller de Pierre IV en 1336, châtelain d'Emposte en 1344, il se rend à Avignon, prend part à la guerre anglo-française, et, sans assister à la bataille de Crécy, il est présent au

circonstances que Richard Caracciolo, d'une ancienne et noble famille de Naples, prieur de Capoue, fut promu par Urbain VI au magistère (août 1383), dans l'espoir de grouper autour de lui les chevaliers qui n'avaient pas suivi le parti de l'antipape[1]. Quelques chevaliers italiens le reconnurent immédiatement; un soi-disant chapitre général fut réuni à Naples (mars 1384) pour sanctionner la nomination du nouveau grand-maître; on envoya à Rhodes pour gagner le couvent; mais tout fut inutile. Malgré les efforts faits en sa faveur, Caracciolo ne fut accepté que par quelques chevaliers italiens, anglais et allemands[2]; le reste, et c'était le plus grand nombre, resta fidèle à Heredia et au pape d'Avignon[3].

Caracciolo, avec une autorité aussi précaire, ne pouvait prétendre à diriger l'ordre de Saint-Jean de Jérusalem. Roi sans sujets, il resta attaché à la personne du pape, auprès duquel il avait toujours rempli d'importantes fonctions[4], et c'est en cette qualité qu'il fut choisi comme un des arbitres destinés à mettre fin à la guerre que se faisaient Florence et Milan, et dans laquelle presque tout le nord de l'Italie se trouvait engagé (1390-91); le rôle de Caracciolo dans ces négociations, que tous les historiens ont indiqué en quelques mots, ne fut pas sans importance; nous

---

sanglant engagement du lendemain (27 avril 1346), et y est grièvement blessé. Il joue un rôle prépondérant dans la guerre soutenue par Pierre IV (1347-8), et dans l'expédition contre Jacques III (1349). Après diverses négociations diplomatiques, il va à Rhodes et revient à Avignon en 1355. Il accompagne le légat du pape à la bataille de Poitiers (19 sept. 1356), et est pris par le Prince Noir. Racheté, il rentre en Espagne; en 1359, il est nommé gouverneur pour le pape et fait triste figure en face des grandes compagnies. Il est ensuite employé à diverses missions politiques en Espagne; en 1373 et 1375, il préside le chapitre général de l'ordre à Avignon; en 1376, il conduit la cour pontificale d'Avignon à Rome, en qualité d'amiral de la flotte, et reste à Rome jusqu'à sa nomination au magistère (1377). — Il fait alors une expédition pour prendre possession de la principauté d'Achaïe achetée par lui, et, après avoir repris Lépante (1378), il est fait prisonnier et relâché en 1381. Il quitte de nouveau Rhodes en 1382 pour retourner à Avignon, où il séjourna jusqu'à sa mort. — (V. K. Herquet : *J. F. de Heredia, Grossmeister des Johanniter ordens.* Mühlhausen i. Th. 1878, in-8°.)

1. Bosio : *Historia della sacra religione et illustrissima militia di S. Giovanni Gierosolimitano,* t. II, 136 (édition de Rome, 1630).

2. K. Herquet, p. 94-5.

3. K. Herquet, p. 74-6.

4. Il était ambassadeur de l'ordre auprès du Saint-Siège. Marulli : *Vite de' gran maestri...* Naples, 1636, p. 373.

espérons, grâce aux documents recueillis par nous aux archives de Florence, pouvoir le déterminer avec précision, et donner une idée complète des négociations diplomatiques nombreuses dont la conclusion de la paix fut l'objet [1].

A la fin du XIVe siècle, les états du nord de l'Italie, parvenus à une prospérité très grande, ne cessaient d'être en lutte les uns contre les autres, et de s'unir par des ligues que le caprice des politiques rompait comme il les avait formées.

Le seigneur de Milan, Jean Galéas Visconti, comte de Vertus, et la république florentine personnifiaient, dans les dernières années du XIVe siècle, des intérêts politiques, commerciaux et diplomatiques tout à fait différents ; l'un, comme l'autre, avait sa confédération ; autour d'eux s'agitaient les ambitions et les convoitises des républiques voisines ; tantôt du parti de Milan, tantôt alliées aux Florentins, suivant que l'une ou l'autre alliance offrait plus de sécurité à leur commerce, plus d'avantages à leur industrie ou à ceux qui étaient à la tête de leurs affaires, elles changeaient de ligue à tout instant, et leur diplomatie, plus active et habile qu'inspirée par une politique persévérante et conforme à leurs vrais intérêts nationaux, cherchait, par un changement de front exécuté à propos, sans souci de leurs alliés, à faire pencher la balance en leur faveur, et à tirer de leur défection tous les avantages qu'elle pouvait leur procurer.

Dans ce conflit d'intérêts de tout genre, de convoitises de toute nature, la guerre était fréquente. Elle éclata en 1390 entre le comte de Vertus, Jean Galéas Visconti, et les Florentins. Quel qu'ait été le prétexte pour lequel elle fut déclarée, la raison qui lui donna lieu fut l'ambition de Jean Galéas, qui songeait à se créer un royaume au nord de l'Italie ; ses visées politiques devenant un danger pour les Florentins, ils prirent les armes et entrèrent en campagne. De son côté, Jean Galéas chercha des alliés ; il s'unit à Albert, marquis d'Este [2], et plus tard Sienne et

---

1. *Chronicon Estense* (Muratori, XV, col. 525) ; *Specimen historiæ Sozomeni Pistoriensis* (Muratori, XVI, col. 1147) ; *Foggii Bracciolini hist.* liber III (Muratori XX, col. 266-70) ; Marulli, *Vite de' gran maestri*, p. 377 ; *Josephi Ripamontii historiarum urbis Mediolanæ decadis III, liber III*, p. 255 ; *Divi Antonini Chronica*, l. III, tit. 22, cap. 14, p. 427, etc. Ces différents auteurs indiquent sommairement la médiation de Richard Caracciolo.

2. Le marquis d'Este déclara la guerre le 1er mai 1390 à Florence, Bologne et Padoue ; la campagne ne fut pas heureuse pour lui : François de Carrare, seigneur

Pérouse embrassèrent son parti[1]. Florence, de son côté, incapable de soutenir la lutte avec ses seules forces et les condottieri de l'anglais Hawkood, et de résister à son ennemi, attira dans son alliance Bologne, Padoue et le comte Jean III d'Armagnac, que des ressentiments personnels animaient contre Jean Galéas, et qui se chargea de conduire en Italie les bandes anglaises de Guyenne, dont le roi de France avait obtenu le départ à prix d'or[2].

Il n'entre pas dans le cadre de cette étude de raconter les phases des opérations militaires. Jean III d'Armagnac, entré au service de la république florentine, arriva devant Alexandrie avec son armée, s'avança imprudemment avec un petit nombre de cavaliers jusqu'aux portes de la ville et périt dans une embuscade. Ses troupes, restées sans chef, furent le lendemain taillées en pièces (25-26 juillet 1391) ; les Florentins, après la ruine de leurs forces militaires, tout en continuant la guerre avec l'armée de Jean Hawkood, dont la retraite devant un ennemi supérieur fut très habile, ne songèrent plus qu'à conclure la paix.

Les premières ouvertures en ce sens ne se firent pas longtemps attendre. Elles émanèrent très probablement du comte de Vertus, dont la victoire lui faisait espérer une paix avantageuse. Ce fut le doge de Gênes, Antoine Adorno, qui fit les premiers pas ; partisan secret de Jean Galéas, agit-il en cette circonstance de sa propre initiative, ou sous l'inspiration du duc de

de Padoue, reprit successivement tout le duché de Padoue dont il avait été dépouillé par Albert d'Este (juin-sept. 1390) et s'empara même de diverses villes dépendant du marquisat d'Este. Albert d'Este fut très heureux, grâce à l'intervention du duc de Bavière, de traiter avec ses ennemis (1er nov. 1390), et d'entrer dans leur ligne contre Jean Galéas (*Chronicon Estense*, Muratori, XX, col. 520-5).

1. Pérouse envoya ses plénipotentiaires seulement en novembre 1391, et Sienne en décembre au congrès à Gênes (Rousset : *Supplément au corps diplomatique de M. du Mont*, I, p. 229).

2. Jean III d'Armagnac était père de Béatrice d'Armagnac, mariée à Charles Visconti ; Bernabo Visconti, père de Charles, avait été dépouillé par Jean Galéas et mis à mort. En luttant contre Jean Galéas il venait donc soutenir les droits de son beau-père à la seigneurie de Milan.

Un de nos collègues et en même temps de nos amis, M. P. Durrieu, prépare en ce moment un ouvrage sur l'expédition de Jean III en Italie et sur les négociations des Florentins, désireux d'entraîner Charles VI à s'armer contre Jean Galéas. — Nous devons à ses obligeantes communications les détails qui précèdent.

Milan ? C'est une question qu'on ne saurait résoudre ; toujours est-il qu'il écrivit aux Florentins, leur annonçant « qu'à la nou-« velle de la défaite du comte d'Armagnac, il avait envoyé vers « le comte de Vertus pour le confirmer dans son dessein de faire « la paix ; que ce dernier, de plus en plus disposé à traiter, « devait envoyer à Gênes avant six jours ses ambassadeurs et le « grand-maître de Rhodes ; il terminait en engageant Florence « à envoyer également des plénipotentiaires[1]. »

Florence, cependant, déjà informée des dispositions pacifiques du comte de Vertus et de la médiation officieuse proposée par le doge, lui écrivait au même moment (4 août), et exposait qu'elle avait déjà adhéré au projet de négociations, et qu'elle avait accepté comme arbitres la république de Venise, Pierre de Gambacorta, podestat de Pise, et le légat du pape, grand-maître de Rhodes ; qu'elle avait proposé que le rendez-vous fût fixé à Milan et les négociations traitées à Pise, dont elle exposait avec beaucoup d'insistance les avantages[2]. Quelques jours plus tard, répondant à la lettre du doge, la république discutait avec beaucoup de chaleur les objections que lui inspirait le choix de Gênes comme réunion des plénipotentiaires, et demandait qu'on choisît de préférence Lucques, Pise, Petra Santa, ou Modène[3].

Dans cette première phase des négociations, les Florentins n'obtinrent aucune satisfaction ; le doge, secrètement du parti de Jean Galéas, et désirant avant tout jouer le rôle d'arbitre et imposer sa médiation aux deux plus grandes puissances de l'Italie septentrionale à cette époque, n'eût pas trouvé son compte à jouer ce rôle hors de Gênes ; il voulait que la paix fût signée au centre de la puissance des Génois, en leur présence et par les soins de leur doge ; c'était rehausser sa propre autorité en même temps que celle de la république qu'il dirigeait. Gênes fut donc choisi, et les ambassadeurs du duc de Milan, de Florence et de ses alliés y arrivèrent bientôt[4]. Le 18 août, la république de Florence écrivait officiellement au doge et au grand-maître de

---

1. 3 août 1391. Arch. de Florence. Registre provenant de la Magliabecchienne.
2. 4 août 1391. Idem.
3. 9 août 1391. Idem.
4. Les ambassadeurs de Jean Galéas étaient Nicolas Spinelli, comte de Gioia, et Guillaume de Bevilaquis. — Florence accrédita Philippe Adimari, Louis Albergotti et Guy Thomaso (Rousset, *Supplém. au corps dipl.*, I, part. II, p. 229. — *Poggii Bracciolini hist. l. III*, dans Muratori, XX, p. 266).

Rhodes, choisis comme médiateurs et chargés en cette qualité de conclure la paix, informait ses alliés de ses intentions, et s'engageait envers Albert d'Este à le faire comprendre dans les conventions de paix, selon la teneur du traité qui le liait à elle [1].

Les ambassadeurs florentins partirent le 28 août pour Pise ; là ils devaient retrouver des envoyés du duc de Padoue et des Bolonais [2], et s'embarquer pour Gênes sur une galère envoyée par le doge ; des circonstances imprévues avaient retardé jusque-là leur départ, et la république s'en excusa auprès du doge [3].

Réunis à Gênes, les plénipotentiaires entrent sans retard en conférence ; mais les premières entrevues, tumultueuses et sans direction, n'amènent aucun résultat. Florence se plaint avec une telle vivacité du comte de Vertus et qualifie sa conduite avec si peu de ménagements que le doge est obligé d'intervenir, de faire adopter aux négociateurs un programme des points à discuter, et de prendre la direction des débats [4].

D'après cette convention, les ambassadeurs de Jean Galéas parlent d'abord, et exposent leurs prétentions, parmi lesquelles la première et la plus essentielle est la restitution au comte de Vertus de Padoue et de son territoire. Ils s'appuient dans cette revendication sur ce qu'avant le commencement des hostilités, Padoue et son territoire étaient déjà entre les mains de leur maître, et menacent de rompre les pourparlers si sur ce point il ne leur est pas donné satisfaction.

Il est facile d'apprécier la valeur de l'argument mis en avant par Jean Galéas ; le Padouan appartenait à François de Carrare ; et, s'il était entre les mains des Milanais au début de la guerre, c'est que leur seigneur venait de le lui enlever par ruse deux ans

1. Voir pièces justificatives, n°° 1 et 2.

2. Les représentants de Padoue, Michel, fils d'Antoine de Rabata, florentin, et François de Conselvis, de Padoue, étaient accrédités depuis le 18 août ; Thomas de Saint-Jean et Andallo Bentivoglio, plénipotentiaires de Bologne, furent désignés le 26 août et partirent le même jour. V. Rousset : *Supplément au corps diplomatique de M. du Mont*, t. I, partie II, p. 229. — *Cronica di Bologna* (Muratori, XVIII, col. 551).

3. V. pièces justificatives, n° 3.

4. *Cronica di Piero Minerbetti* (Rerum ital. script. II, col. 281-9). — C'est une source très précieuse pour l'histoire de Florence. Les négociations diplomatiques sont exposées par le chroniqueur avec une parfaite connaissance de la politique qu'il raconte. — Nous lui empruntons tout ce qui a trait à cette partie de notre sujet.

auparavant (1388). La partie adverse avait donc une réponse
excellente ; puisque François de Carrare avait repris ses états, il
était de toute justice qu'il les conservât. A cela il n'y avait rien
à répliquer ; cependant les envoyés du comte de Vertus, auxquels
cette clause tenait fort à cœur, persistaient à l'exiger, et les
négociations n'avançaient pas ; plus d'un mois s'était écoulé
depuis l'arrivée des plénipotentiaires et rien n'avait été décidé ;
Florence, en écrivant directement au doge et au grand-maître,
se plaignait amèrement des retards apportés à la conclusion de
la paix, retards qu'elle ne pouvait expliquer que par le désir
secret de Jean Galéas de ne pas traiter[1].

Voyant le peu de succès de la marche suivie jusqu'alors, le
doge fait exposer par chacune des parties les clauses qu'elle croit
utile d'introduire dans le traité de paix ; mais, là encore, l'entente ne peut se faire sur aucun point ; il suffit qu'un article soit
proposé par les plénipotentiaires d'une des parties pour qu'aussi-
tôt ceux des autres le repoussent.

Il n'y avait aucune raison pour arriver jamais à la conclusion
définitive de la paix. C'est alors que le doge et le grand-maître
demandent aux plénipotentiaires de les désigner comme arbitres
et de s'en rapporter à leur décision. Cette proposition, acceptée
en principe, est combattue par les ambassadeurs de Florence et
de ses alliés ; ils demandent, au préalable, que l'entente se fasse
sur les points à soumettre à l'arbitrage du grand-maître et du
doge, et les conférences sont suspendues pour que chaque représentant consulte le gouvernement qui l'a accrédité.

Guy Thomaso, arrivé à Florence, expose la conduite des plénipotentiaires, la fait approuver par la république, et part aussi-
tôt pour Bologne, porteur d'une lettre de la Seigneurie deman-
dant aux Bolonais de déterminer quels articles seront soumis
aux arbitres ; Florence approuve par avance la décision des
Bolonais et s'engage à la soutenir à Gênes, tant en son nom qu'en
celui de la ligue.

Quand, après le retour de l'ambassadeur florentin, les conférences sont reprises à Gênes, la motion proposée par Florence,
soutenue par ses alliés, est fort mal accueillie des plénipotentiaires milanais. Ses négociateurs, pour se faire respecter, sont
obligés de déclarer qu'ils se retirent du congrès ; le doge, parti-

1. 10 octobre. Pièces justificatives, n° 4.

san secret de Jean Galéas, n'ose donner tort aux ambassadeurs
milanais, et il faut le poids de l'opinion publique soulevée contre
une pareille conduite pour le forcer, dans une nouvelle conférence, à faire accepter de tous les plénipotentiaires les articles à
soumettre aux arbitres (21 déc. 1391).

Mais les mandataires de Jean Galéas n'acceptent pas sans
compensation cet échec de leur diplomatie; ils veulent, puisque
les points en litige seront déterminés par avance et qu'ils ne pour-
ront plus agir à leur gré sur le doge, s'assurer un nouvel allié
en proposant l'adjonction d'un nouvel arbitre aux deux autres,
du peuple de Gênes. Les plénipotentiaires de la ligue, persuadés
que le peuple de Gênes agira à l'instigation du doge, hésitent à
admettre cette nouvelle prétention de leur adversaire et ne l'acceptent qu'à la condition que les décisions soient prises à l'una-
nimité par les trois arbitres, et non à la majorité, comme le
demandaient les Milanais[1].

Dans ces conditions, la sentence arbitrale ne tarde pas à être
prononcée par les trois arbitres. La clause principale porte que
François de Carrare gardera Padoue et son territoire; Jean
Galéas conservera de son côté dans le Padouan et la marche de
Trévise les terres qu'il possède au moment de la conclusion de la
paix, et, pour le dédommager de ce qu'on donne à François de
Carrare, il recevra 10,000 florins par an pendant 50 ans; les
autres conditions règlent la situation des territoires pris par les
divers belligérants sur le pied de la restitution réciproque, sauf
quelques exceptions au détriment de Florence, et l'état des
diverses familles compromises par leur fidélité à l'une ou à l'autre
des parties; les arbitres accordent aux plénipotentiaires pour les
ratifications jusqu'au 20 janvier 1392.

Cette première sentence ne satisfit personne; Jean Galéas,
mécontent de ne pas obtenir Padoue, donna à ses mandataires
de nouvelles instructions et leur fit exposer ses prétentions dans
deux mémoires à la date des 8 et 13 janvier[2]. On juge de l'éton-

---

1. 25 déc. 1391. V. pièces justificatives, n° 5. — Nous voyons, d'après cette
pièce, que l'on chercha à faire accepter comme arbitres « rupte fidei » le doge
et le commun de Gênes. En présence de l'opposition très vive de Florence,
l'idée fut abandonnée.

2. Rousset : *Suppl. au corps diplom. de M. du Mont*, I, p. 232-9. Le pre-
mier de ces mémoires ne concerne que les réclamations relatives à Jean Galéas
lui-même; l'autre expose ses prétentions en faveur de ses alliés.

nement des plénipotentiaires de la ligue et des Florentins en présence de ce nouvel incident. Devant la sentence arbitrale ils étaient prêts, dans un intérêt de paix, à s'incliner, quoiqu'elle ne les satisfît aucunement. Florence surtout, qui menait toute cette affaire pour ses alliés, sentait qu'il était difficile de disputer encore le terrain; elle avait écrit au grand-maître (10 janvier 1392) pour le remercier de la chaleur et du dévouement qu'il avait déployés à défendre ses intérêts, et pour l'engager à les soutenir toujours avec la même persévérance, dût-il être seul contre tous[1]. Quelques jours après, au moment même où finissait le délai de l'arbitrage (20 janvier), elle remerciait le pape de son intervention et du rôle joué en sa faveur par son légat Caracciolo; elle considérait alors la paix comme conclue, quoique dans cette lettre elle fît de nombreuses restrictions et cherchât à ouvrir les yeux du Saint-Père sur les dangers qui menaçaient l'Italie et le Saint-Siège de la part de Jean Galéas[2].

Les arbitres, devant les nouvelles exigences du comte de Vertus, auquel cependant le projet de traité faisait la part fort belle, comprennent que la paix est loin d'être encore conclue; que ces réclamations, jointes à celles que ne manqueront pas d'élever Florence et ses alliés, remettront tout en question; qu'il faudra prolonger le délai d'arbitrage, et que le traité menacera de n'être jamais signé. Ils prennent alors, pour éviter ce mal, usurpant leurs pouvoirs, diverses décisions contraires au projet d'arbitrage réglé en commun, et prolongent d'un mois le délai qui expirait le 20 janvier, sous peine de 100,000 florins d'amende à quiconque s'opposerait à cette prorogation.

L'embarras des ambassadeurs florentins est très grand à cette nouvelle; les ordres formels de la Seigneurie leur défendent d'accepter cette prolongation, et, cependant, s'ils la refusent, les navires florentins qui mouillent dans le port de Gênes vont être saisis pour assurer le paiement de l'indemnité fixée par les arbitres, et ce sera pour le commerce florentin un désastre financier qu'il faut éviter à tout prix. En présence de cette considération, les orateurs de Florence ratifient la décision des arbitres.

La Seigneurie accueille cette nouvelle avec une profonde tristesse, qui se reflète dans la lettre qu'elle écrivit, le 24 janvier, à

1. 10 janvier 1392. V. pièces justificatives, n° 6.
2. 20 janvier 1392. V. pièces justificatives, n° 7.

son allié le duc de Padoue, l'assurant que la paix, quelque mauvaise qu'elle fût pour lui, quelque lourde indemnité qu'elle l'obligeât à payer, valait mieux que l'éventualité d'une nouvelle campagne, ruineuse pour Florence comme pour Bologne et pour leurs alliés. Elle priait à la même date les Bolonais d'insister en ce sens auprès de François de Carrare, dont les possessions restaient intactes, afin qu'il consentît à la paix [1]. Cependant les plénipotentiaires reçoivent l'ordre de demander la rupture de l'arbitrage et de quitter Gênes.

Pendant ce temps les arbitres avaient rendu une sentence nouvelle, qui corrigeait ou complétait divers points de la première (26 janvier 1392) [2], et qui ne répondait en rien aux assurances qu'ils avaient données. Florence et ses alliés se trouvèrent encore plus sacrifiés et se disposèrent à quitter Gênes, en protestant que les arbitres favorisaient ouvertement Jean Galéas et que la mauvaise foi était manifeste.

Malgré son indignation et le retrait de ses ambassadeurs [3], la république de Florence vit bientôt qu'il serait téméraire et impolitique de continuer la guerre ; elle avait besoin de paix ; plus de 1,260,000 fl. d'or avaient été dépensés, et la ville était sans ressources ; aussi, dès le 29 janvier, exhortait-elle le duc de Padoue à publier le traité à partir du 1er février [4].

Partis de Gênes le 4 février, en même temps que ceux des autres puissances alliées, les plénipotentiaires arrivent le 8 à Florence ; ils exposent leur conduite et celle des arbitres, qu'ils accusent tous, même le grand-maître, de n'avoir pas tenu leurs promesses, d'avoir pris des décisions sur des points autres que ceux que les plénipotentiaires avaient réglés d'un commun accord et d'avoir rendu la sentence sans leur avis ni leur consentement. La Seigneurie, de plus en plus confirmée dans son désir de conclure la paix, écrit à ses alliés, aux Bolonais et au marquis d'Este, de proclamer la paix [5]. En même temps le grand-

1. 24 janvier 1392. Registre provenant de la Magliabecchienne.

2. Rousset, *Suppl. au corps dipl. de M. du Mont*, I, partie II, p. 260-263. — Piero Minerbetti donne à tort la date du 28 janvier (Muratori, *Rer. ital. script.* II, col. 287).

3. Florence trouvait injuste qu'un article additionnel rendît Corrège aux Bolonais. Elle leur écrivit en ce sens, le 27 janv. 1392. (Reg. provenant de la Magliabecchienne.)

4. 29 janvier 1392. — Reg. provenant de la Magliabecchienne.

5. Voir pièces justificatives, nos 9 et 10. Les ambassadeurs bolonais revinrent

maître, resté seul à Gênes en présence des ambassadeurs de Jean
Galéas, se décide à quitter la ville pour n'être pas forcé de continuer des négociations, alors tout à l'avantage des Milanais. Il
va à Pise, et, sur l'invitation des Florentins [1], entre à Florence,
où il est accueilli avec de grandes démonstrations de joie, au
milieu de l'allégresse générale qu'inspire la conclusion du traité,
gratifié de riches présents, et conduit à Notre-Dame des Fleurs,
où les Florentins célèbrent par une messe solennelle « la fête de
la paix » (18 février 1392). Le capitaine de la guerre, Louis de
Capoue, est rappelé à Florence avec ses troupes au même moment,
et Jean Galéas accorde aux Florentins, aux Bolonais et à leurs
alliés liberté de commerce et de résidence dans ses états [2] (15 février 1392).

Le rôle du légat du pape, grand-maître de Rhodes, fut
considérable, comme nous venons de le montrer. Protecteur des
Florentins, opposé aux prétentions d'un vainqueur ambitieux, il
eut à défendre le terrain pied à pied, et on ne saurait l'accuser
d'avoir mal accompli sa tâche. Les Florentins eux-mêmes se
plurent à le reconnaître et à lui témoigner leur reconnaissance
pour le secours qu'ils trouvèrent en lui. Si nous considérons
son œuvre, le traité auquel il attacha son nom, il nous est difficile d'y trouver les fondements d'une paix durable ; mais là
Richard Caracciolo fut mal servi par les circonstances ; malgré
les démonstrations universelles de joie qui accueillirent la conclusion de la paix, il était facile de prévoir qu'elle n'était pas desti-
née à être longtemps observée ; les haines restaient vivaces au
fond des cœurs, les ambitions déçues s'aigrissaient en secret, les
bandes de soldats licenciés devaient, plus tôt ou plus tard, ruiner
les campagnes et y porter le trouble [3] ; et à peine le traité était-il
ratifié que Florence, Bologne, Este, Padoue, Mantoue et les sei-
gneurs des États de l'Église reformaient, pour une éventualité

à Bologne le 14 février. (*Cronica di Bologna*, Muratori, XVIII, col. 551.)

1. Voir pièces justificatives, n° 8. — 11 février 1392.

2. L. Osio, *Documenti diplomatici tratti dagli archivj milanesi*, I, p. 304.

3. Ma non cessarono le offese perchè cessasse la guerra ; gli odii restavano e i
sospetti, e i disegni concetti prima si maturavano più in segreto ; nè mai le paci
in quella età davano quiete, poiche le bande di soldati licenziati seguitavano
per conto loro, correndo le strade a fare guasti ed imporre taglie pel riscatto
delle terre al che d'ordinario teneva mano coloro medesimi che prima gli ebbero
assoldati. (Gino Capponi : *Storia della republica di Firenze*, 1875, I, 389-91.)

prochaine, une alliance nouvelle. Autant de symptômes qui montraient clairement au grand-maître de Rhodes que le traité qu'il avait contribué à conclure était moins une paix qu'une trève [1].

1. Nous savons peu de choses sur les dernières années de Caracciolo. Il les passa auprès du pape, dont il était majordome, et mourut le 28 mai 1395. — Son tombeau est conservé dans l'église du prieuré de l'ordre de Malte, à Rome, sur l'Aventin. Il se compose d'un socle de maçonnerie dans lequel est enchâssée l'inscription suivante : « *Hoc est sepulcrum Reverendissimi in Christo Patris et* « *Domini Fratris Riccardi Caraccioli de Neapoli, Sacrae domus Hospitalis* « *sancti Joannis Hierosolimitani Magistri et pauperum Christi Custodis nec* « *non Magistri hospitii Domini nostri papae Bonifacii noni qui obiit anno* « *Domini 1395, die vero decima octava mensis maii, pontificatus praedicti* « *Domini papae Bonifacii noni anno sexto. In quo quidem sepulcro jacet* « *corpus ejus.* » Sur ce socle repose un sarcophage antique, d'une décoration assez grossière, à cannelures rudentées, avec têtes de lion portant un anneau aux deux extrémités des cannelures. La forme du sarcophage est ovale ; les deux parties courbes ont deux bas-reliefs analogues, représentant un berger (?) vêtu d'une sorte de chemise nouée à la taille et découvrant l'épaule gauche, et portant en bandoulière une espèce de sacoche. — Le personnage représenté dans le bas-relief de gauche a, en outre, en ses jambes, un animal, vu de dos, que nous croyons être un mouton, et près de lui est un arbre avec un oiseau.

Sur ce sarcophage sont posés un matelas et deux oreillers sur lesquels est couché le mort, en longue robe et en long manteau fixé autour du cou ; les mains sont jointes, la barbe entière, la figure calme et assez belle.

Des deux côtés du sarcophage deux lions, vus de face, soutiennent un écu écartelé : aux 1 et 4 une croix, qui est de *l'ordre de Saint-Jean*, aux 2 et 3 un lion rampant, qui est *Caracciola*.

Enfin, sur le mur de fond est gravée l'inscription suivante, qui consacre le souvenir de la restauration du tombeau en 1617 ; elle est surmontée d'un écusson portant la croix de Malte. *D. O. M. — Aldobrandinus. de. Aldobrandinis. Romanus — eques. Hierosolymitanus. et. urbis. prior — sepulcrum. hoc. Riccardi Caraccioli — magni. magistri — quod. extra. Templum. in. aperto. coelo. jacebat — sub. sacro. tecto. reponi. jussit. — Anno. a. Christo. nato.— M. DC. XVII.*

PIÈCES JUSTIFICATIVES [1].

I. — *Duci Januensi et magistro Rhodi.*

Reverendissime in Christo pater. — Super materia de qua scribitis et eo quod nobis dominus dux Januensis, magnificus frater noster, vestra cum deliberatione respondit, nichil certi possumus presentialiter intimare, nisi quod hac presenti die nostros colligatos de intentione vestra per speciales nostras litteras declaramus, exhortantes ipsos ad illa que consulatis quantum expeditio negocii requirebat. Et speramus quod per illa que scribimus, nostris consiliis adherebunt. Quicquid autem duxerint respondendum, dignationi vestre curabimus indicare. Quanquam de die in diem ipsorum nuntios, quos jam vocavimus, hac eadem de causa conferemus. Cum quibus quantum expedit, sine dilatione temporis conferemus, vobis quicquid decreverint quam tocius rescripturi.

Datum Florencie, die XVIIII augusti, XIIII indictione, M CCC LXXXXI.

II. — *Marchioni Estensi.*

Illustris et magnifice domine, frater et amice karissime. — Verum est quod ad civitatem Janue pro tractatu pacis et concordie tam per apostolicum nuncium R. P. magistrum Rhodiensem quam per magnificum fratrem nostrum dominum ducem Januensem multa cum instantia convocamus. Et si nostri colligati conssentiant, forte poterit esse quod ibidem de conclusione pacis habebimus agitare Quod si fiat, sicut desiderare vos cernimus, et sicut sumus federibus obligati, vos pro parte vestra in pacis conventionibus includemus. Et cuncta pro statu vestro, tamquam pro nostro proprio, et in hoc et in aliis intendimus procurare.

Datum Florentie, die XVIIII augusti, XIIII indictione, M CCC LXXXXI.

1. Ces pièces justificatives sont tirées d'un précieux volume des Archives de Florence provenant de la bibliothèque Magliabecchienne, et depuis peu restitué aux Archives d'État. Il contient les lettres écrites par la Seigneurie de 1388 à 1392.

III. — *Duci Januensi.* — *Magistro Rodiensi.*

Magnifice et excelse domine, frater et amice carissime. — Quia jam dominus Paduanus pro tractatu pacis, de qua scribimus, per Dei gratiam in vestris manibus inchoando, suos oratores Florentiam destinavit, cumque speremus magnificos fratres Bononienses suos de proximo transmissuros, ecce quod oratores nostri processuri continuatis gressibus usque Pisas et demum Januam appulsuri, die lune xxviii presentis mensis, iter suum feliciter auspicabuntur, ut nobis multum possit quominus properemus ad pacem subterfugium imputari. Placeat igitur taliter ordinare quod in partu Pisano sit aut veniat confestim aliqua galea vel alia tuta classis, a qua tam nostri quam colligarum nostrorum legati navigatione tutissima devehantur. Sed major loci distantia que nos sejungit, et sociorum nostrorum difficilis congregatio nos excuset. Non enim quo recusemus pacem etiam in civitate Janue, quamvis non aptus sed difficilis locus sit, sed ut nostris sociis morem geramus, cum honestate non potuimus aliter providere.

Datum Florentie, die xxv augusti, m ccc lxxxxi.

IV. — *Duci Januensi.* — *Magistro Jerosolimitano.*

Magnifice et excelse domine, frater et amice karissime. — Jam ultra mensem ex quo nostri oratores Januam appulerunt expectavimus patienter quod tractatus pacis, in manibus vestris inceptus, haberet aliquod substantiale principium, ita quod videremus tempus frustra non teri et de felici conclusione possemus certum aliquid opinari. Non enim aliter unquam noster populus consensisset convocari nostros colligatos aut oratores mittere, si cogitasset rem adeo lentis passibus ambulare. Habemus equidem multa pre manibus, de quibus necesse sit, pro conservatione nostri status et hostis ruina, sumere cum celeritate consilium, cum parari posset non mediocre periculum si sub spe fugientis pacis distrahantur ambages dilationum. Nunc autem, quod non sine admiratione displicentiaque recolimus, omissis principalibus rebus, totus pacis tractatus pendet et figitur in negociis Paduanis, de quibus cum nulla prorsus difficultas fieri, secundum spem nobis exhibitam, debuisset, res etiam nunc manet in limine, ut longiora nos oportet de majoribus expectare. Nostis enim, frater karissime [1], qualiter per oratores vestros nobis spem clarissimam tradidistis quod in statu suo remaneret dominus Paduanus, patrem reciperet, et omnes terras suas integre rehaberet. Nunc autem in primo verborum congressu per hostem nostrum civitas Paduana repetitur, quasi quod inique per injuriam usurpaverat, vindiceque bello justissime recuperatum est, sibi de jure veluti suum patrimonium debeatur. Postulatur post hec quod saltem recognoscatur incensum et tandem, ista difficultate (ne dicamus inhonestate), dimissa, plus quam avare tantum pecunie queritur quantum, si cuncta sua fuissent, nullatenus peteretur. Qui postquam invenit in hac re tante iniquitatis auditum, quid sperare debemus in reliquis que sine dubitatione credimus eum postulaturum, licet suspiciones generent aut pericula convehant, si innitatur adeo petitionibus inhonestis. Habebamus et habemus in vobis plenam confidentiam, ut de fratre [2], et ob id colligatis nostris advocatis oratores misimus, et usque nunc quamvis inaniter retinemus. Dignetur igitur excellentia vestra spei nobis exhibite reminisci. Nam nisi celeris expeditionis effectu colloquia finem inveniant, clarissime videmus populum nostrum, et ita credimus colligatos tantam temporis intercapedinem, presertim frustatorie, non passuros. Satis quantum de bona dispositione nostri hostis ad pacem nobis per oratores et litteras persuasistis. Cognoscitis velut prudens quid sit expectare super suo capitulo rebus compositis cum dilatione responsum et de reliquis nichil interim agitare. Clare videmus et vos manibus tangatis hostem nostrum pacem ore pretendere, ab ipsa vero longissime cor habere. Et nisi foret vestra reverentia nique speraremus vos hec diffugia recisuros credat nobis hostis publicus, non noster sed tocius Italice libertatis, quod quos bello vincere non potuit, in pacis collocutione non eluderet, ac tantam prerogativam loci vel processus a colligatis nostris et nostro populo non haberet, jamque revocati fuissent oratores a colloquiorum ambagibus et videret nos ad bellum taliter preparari quod, licet ex Harmaniaca victoria secum ambulet in excelsis, tamen recognoscetur Florentinos unius infelicis eventus infortunio non prostrari. Super qua materia, quia latius oratoribus nostris scribimus, tenore presentium auctoritatem exhibende fidei renovamus.

Datum Florentie, die x octobris, indictione xv, m ccc lxxxxi.

1. Magistro : Novit enim magnificus frater noster dominus dux Januensis, qualiter per oratores suos nobis spem certissimam tradidit quod in statu suo, etc.
2. Magistro : ut de patre.

2

V. — *Bononiensibus.* — *Marchioni.* — *Domino Paduano.*

Fratres karissimi. — Scribunt nobis oratores nostri, quos pro tractatu pacis Januam misimus et una cum viris jam tot mensibus retinemus, quod adversarii communis oratores, die xvii presentis mensis, mediatorum ordinatione cum commissariis et legatis vestris ac aliorum colligatorum ad missarum solemnia convenerunt. Quibus pactis, Reverendus Pater magister Rhodiensis cum generali fratrum Minorum et magnificus frater noster dominus dux Januensium lige partem fuerunt multis rationibus allocuti, quod consentirent communitatem Janue debere, pro utraque partium et observantia pacis, fidejussoriam interponere cautionem; quod, post multas et rationabiles recusationes, ne propter hoc pacis colloquia rumperentur, egre quamvis et cum displicentia fuit consensum, tunc ulterius procedentes petebant quod rupte fidei judices essent prefatus dominus dux et communitas Januensis. Quod quidem fuit apertissime denegatum, tandemque nostri consentiebant quod sicut fiebat compromissum in prefatos magistrum-ducem et comunitatem Januensem, ita tamen quod duo ex eis nichil possent sine presentia et consensu tertii judicare, et quod in casu quo ante dictus magister adesse non posset, summus pontifex deberet loco sui unum alium nominare, eodem modo fieret ista commissio. Quod totum fuit per adversarios recusatum, volentes solum in arbitros prelibatos ducem et comunitatem Janue. Quibus hinc inde taliter induratis, ad nichil ulterius est processum. Nos autem, considerantes illa que adversarius postulat quanti possent esse periculi, scribimus oratoribus nostris, quod una cum vestris et aliis colligatorum nuntiis qui sunt ibi, si eis hoc idem utilius videatur, justificando prius et privatim et publice quanto latius poterunt causam lige, postulata licentia revertantur. Namque sicut nobis semper placuit et placeret sincera pax, justis conventionibus roborata, ita displacet si fuerit duplex, admixta calumniis, nec insidiis, qualis ista quam offerunt, caritura. Si igitur hoc idem, ut speramus, placet et vobis velitis, vestros commissarios quam tocius admonere, quam petere simili modo licentiam non cunctentur. Periculosum enim est multique dedecoris inutiliter terere tempus et cum viribus exhaustis pacem querere, quam equis conditionibus nequeas invenire.

Datum Florentie, die xx decembris, 1391.

VI. — *Magistro Rhodiensi.*

R. in Christo pater. — Scriptionibus oratorum nostrorum accepimus quanta cum affectione atque constantia, qualique cum benignitate nos et totam ligam nostramque justiciam direxistis consiliis et operum efficacia confovistis. Dignissimum quidem officium atque decus apostolice sedis, ex cujus commissione pacem nostram cum adversario queritis, quod de illa gloriosa progenie Caracciolorum favorabili semper Florentino nomini descendistis. Scimus, Reverendissime Pater, scimus quod inter alios nobiles, quos quos inclita Parthenope genuit, antiquum semper fuit civibus Florentinis certumque in vestra domo presidium. Scimus que germanus vester dominus Jacob, nobis non sine singularis dilectionis affectibus memorandus, pro statu nostro fecit, quum civitatem tenuit Aretinam. Scimus atque videmus que nunc pro nostri communis honore indesinenti benevolentia cumulatis. Pro quibus libere confitemur nos et nostrum populum, quotquot Florentinam urbem incolimus, quotque per universum orbem sparsi sint, constantibus licet vocibus acclamemus, dignas gratias non posse rependere, nedum opere tot beneficiorum multitudinem adequare. Nos autem hec quanta cum efficacia possimus persolventes, duo vobis offerimus que saltem in nostra prosint libertate. Qui cunctarum rerum est opifex Deus, eternam scilicet tot beneficiorum grata semper cum celebritate memoriam et nos atque commune nostrum pro honore et exaltatione vestra, non minus quam possibilitas dederit, preparatum. Nunc autem videtis, pater optime, spem nostram, videas et fidem. Nunquam enim commissionem factam noster populus consensisset nisi certissime teneremus in manibus vestris honorem et justiciam nostram non posse perire, vosque solum, eciam contradicentibus aliis, aliquo modo non esse passurum quod res, quas habetis in manibus, juxta statum, libertatem, honorem atque justiciam non firmentur. Dignetur igitur vestra sublimitas sic omnia circumspicere, sic cuncta cum nostris oratoribus stabilire quod adversariorum astutia nichil valeat immutare. Itaque spes quam repositam habemus in sinu vestro, illorum qui vestri non sunt maliciosa calliditate et callida malicia non frustretur.

Datum Florentie, die x januarii [1], xv indictione, m ccc lxxxxi.

1. Dans le style florentin l'année commence le 25 mars; pour faire concorder

VII. — *Pape.*

Sanctissime atque beatissime in Christo pater et domine. — Fuit jamdiu nostre devotionis officium beatitudini vestre gratias agere de his que Rev. Pater dominus Ricciardus Caraçolus, generalis magister sacratissime militie fratrum et ordinis sancti Johannis Jerosolimitani, sanctitatis vestre nuntius in tractatu pacis qui inter nos et comitem Vertutum in suis et aliorum retinetur, multa cum prudentia geste sunt. Sed expectabamus ex conclusione concordie totum simul exprimere, et visum est, ne blandiri crederemur ad aucupandum ejus favorem dum penderent colloquia, subtacere. Nescimus autem si usque in diem presentem quicquid, quod pacis sit, firmatum fuerit. Sed verissime possumus attestari usque in diem decimam octavam presentis mensis, de qua litteras habuimus ab oratoribus nostris, ipsum, sicut verum mediatorem decet, et apostolice sanctitatis honorem, cujus vices in his tractatibus representat, prudentissime se gessisse. Et cum sub spe sui favoris et honestatis, super re tanti ponderis consenserimus compromissum, vere talem se prebuit justicie quam habemus et judicem et patronum, quod nos dicere non possumus usque tunc justiciam nostram et tocius lige fuisse pessundatam, nec altera pars potest conqueri se vexatam. Mirum quidem in modum detestatus est hinc inde calumnias, proponentibus justiciam favit, et que petebantur inique promptis rationibus confutavit. Speramus quod in futurum tanta est sua virtus tantaque consideratio vestre sanctitatis cujus exhibet vices, taliter fecerit quod honorem suum et vestre beatitudinis conservabit. Agimus igitur gratias vestre sanctitati que talem virum mittere dignata fuit, qualem tanta materia requirebat. Et ipsum vero culmini debito laudationum eulogio prosequentes, quanta affectione possumus commendamus. Hec hactenus.

Nunc autem audivimus hostem nostrum, dum pacem se velle simulat, solitis artibus bellum struere et sanctitatem vestram ut ecclesiam Acquilegiensem reformet, aliquo sibi fido multis supplicationibus fatigare. Quod quidem, si solum caput spirituale conteneret, nobis et aliis nec suspectum existeret, nec molestum. Sed attenta potentia temporali quam in partibus illis obtinet patriarcha, nimis

les actes dont les dates sont comprises entre le 1er janvier et le 25 mars avec le style aujourd'hui usité, il faut leur ajouter une année. Nous aurons donc ici, et dans les actes suivants : 1392.

oportet nos, oportet totam ligam, oportet et alios rem tantis plenam periculis tantique prejudicii ponderare. Nec minus decet apostolicam sublimitatem ad cuncta respicere, cuique tradatur dominium Forijulii cogitare. Sunt magnifici fratres nostri et vestre sanctitatis devotissimi servitores marchio Estensis et dominus Paduanus, sunt Bononienses et alii colligati, sunt Veneti, sunt Austrie duces, sunt et alii comites et barones, quibus suspiciosissimum esset patriam illam in amicitia ac obediencia fore comitis antedicti. Nec mirum : agitur equidem de ipsorum fortunis et statu, agitur de ipsorum cujuslibet tam salute quam libertate. Siquidem, si hoc non fiat, vivent sine formidine tutiores. Sin autem hoc quod ille molitur, licet incredibile nobis sit, sanctitas vestra concesserit, eunctos quos diximus, perniciosis suspicionibus, sive pax fiat sive non, insidiosisque periculis involvetis. Quocirca dignetur vestra clementia super hoc taliter providere quod cum uni servitis, cujus majores semper fuerunt statum ecclesie plus quam hostiliter persecuti, quodque certa sit vestra sublimitas plus adversario vestro quam statui et justicie vestre beatitudinis allubescere, multos sanctitati vestre fideles, cum vicinam ei feceritis viperam, offendatis. Ceterum audivimus quosdam nostros cives nescimus que verba iracunda cum quodam commissario comitis habuisse, quos cum ex zelo rei prolocuti fuerint beatitudini vestre, quanta devotione possumus, commendamus.

Datum Florentie, die xx januarii, indictione xv, m ccc lxxxxi.

VIII. — *Magistro Rhodiensi.*

R. in Christo pater. — Relatione nostrorum oratorum accepimus quod gestum fuerit circa negocia pacis que fuerunt Janue, sicut novit vestra sublimitas, agitata. Et quanquam non habuerimus id quod decuit, et quod merebatur nostra justicia, et totus noster populus infaillibiliter expectabat, nichilominus tamen certi sumus reverentiam vestram pro nobis et nostro populo quantum scivit et potuit effecisse. Ex quo dignationi vestre debita referimus impendia gratiarum. Et quoniam iidem oratores nostri rettulerunt in reditu vestro vos velle peraliter adire Florentiam, adventum vestrum letis animis prestolamus, cupientes vobiscum multa conferre et aliqua amicabiliter dicere, que per litteras non est conveniens explicare.

Datum Florentiæ, die xi februarii, [m ccc lxxxxi].

IX. — *Bononiensibus.*

Fratres karissimi.— Cum oratoribus vestris et aliorum colligatorum diligenter fecimus practicari capitula laudi, et pacis que in civitate Janue lata fuerunt, quibus matura liberatione pensatis quanquam una vobiscum apertissime cognoscimus, et toti mundo pateat fidem nobis ruptam, promissaque nos fuisse servata. Nicchilhominus tamen res sunt in tali forma concepte quod de jure possumus cunctis, de quibus fieret dubitatio, providere. Accedit ad hec quod per Dei gratiam bellum fuit honorabiliter gestum, paxque tali condictione conclusa, quod quondam hostis noster de perditis nichil recuperat, et omnes qui audiunt reputant ligam ex hujus pacis capitulis honoratam. Ex quibus, attento etiam quod Rev. Pater magister Rodiensis jam Pisas venerit, et nichil omnino fuerit post discessum oratorum nostrorum ab arbitris declaratum, et admodum non possit, propter absentiam dicti magistri, quomodolibet indicari; laudantibus etiam hoc idem oratoribus nostris, decrevimus capitaneum nostrum guerre, cum signis et gentibus, peracto conclusoque bello, ad civitatem nostram proxima die dominica revocare, et eadem die celebrari facere missam pacis, et in sero festiva succendere luminaria, ut de turribus et palatiis nostris undique valeant apparere, moderatione tamen adhibita, ne plus quam deceat per letitiam efferamus. Indignum equidem visum est, quod qui bello paceque cum honore remansimus, nosmet debitam supprimendo letitiam, gratiam concessam celitus non sicut expedit honoremus; placeat igitur ut in omnibus simus et in omni deliberatione concordes hoc idem ut in eadem die fieri facere, ut hec festiva celebritas, ad honorem et gloriam totius lige, per universum orbem ostendat nos pacem velle, nosque pacem honorabilem etiam de amicorum quondam hostis nostri manibus extorsisse.

Datum Florentie, die xiiij februari, m ccc lxxxxi.

Placeat autem ad hoc idem dominos marchionem et Paduanum per vestras litteras exhortari.

X. —*Marchioni.*

Illustris et magnifice domine, frater et amice karissime. — Novit karissima vestra fraternitas qualiter nos et magnifici fratres nostri domini Bononienses, et magnificus dominus Paduanus, ut vos sicut tenebamur in contrahende pacis beneficio clauderemus, vice vestra contraximus cómpromissum, et vigore laudi quelibet pars tenetur saltem coram magnifico et excelso domino Antoniotto Adurno, Januensium duce, tanquam privata persona nominare suos adherentes, colligatos, complices, sequaces. Que quidem nominatio debet fieri hinc ad diem secundam mensis martii per totam diem. Placeat igitur ne possit vobis aut nobis aliquid imputari, et ut illi qui vestri sunt pacis beneficium consequantur, nobis per latorem presentium nomina predictorum vestrorum sine more dispendio destinare. Et illos eosdem ad hanc nominationem faciendam quos nos procuratores fecimus, vestros etiam ordinare, ut tam vestro quam nostro nomine, nominatio in opportuno tempore valeat. Bononienses etenim et dominus Paduanus illos eosdem suos nuntios statuerunt. Nomine vero predictorum in interclusa cedula describentur. Nec opus nunc procuratorium mittere, cum satis sit, etiam si non producatur mandatum infra tempora concessisse.

Florentiis, die xx februari, [1391].

Imprimerie Daupeley-Gouverneur, à Nogent-le-Rotrou.

Extrait du t. XL de la *Bibliothèque de l'École des chartes.*